Special thanks to Linda Umberg for allowing us to use her version of Aesop's fables.

Also available are flannel board figures to accompany the six stories retold in this book.

To order call 800-393-1336 or send $32.00 check or money order to: Cantemos 15696 Altamira Dr, Chino Hills, CA 91709

Revised edition © 2011 all rights reserved

©1989 The Storyboard English Version

©1997 CANTEMOS Spanish Version

Revised edition 1998 by CANTEMOS all rights reserved

Spanish version of Aesop's by Georgette Baker

ISBN 9781892306296

Las Fábulas de Ésopo

Aesop's Fables

Fables are short compositions written in verse or prose conveying a moral truth usually summed up at the end of the story.

Aesop, whom it is believed to have lived about the 6th century BCE, told fables orally. Many of these beast fables of Aesop's were recorded in Greek by the poet Babrius.

Table of Contents

The Lion and the Mouse	1
El Leon y el Ratón	3
The Crow and the Pitcher	6
El Cuervo y el Jarrón	8
The Dog and His Shadow	10
El Perro y la Sombra	11
La Zorra y el Cuervo	12
The Fox and the Crow	14
The Hare and the Tortoise	16
La Liebre y la Tortuga	18
The Boy Who Cried Wolf	20
El Niño que Gritó Lobo	22

THE LION AND THE MOUSE

A lion was sleeping soundly in his den when a little mouse ran across his paw. The lion woke up suddenly from his nap and roared to the little mouse that he was going to eat him for supper.

"Please don't hurt me," squeaked the frightened, tiny mouse. "If you forgive me and let me go free, I will never forget it. One day I may be able to do you a favor and repay you for your kindness."

The lion thought it was amusing that such a tiny little mouse could ever help the king of beasts. He laughed, opened his paw, and let the mouse go free.

Not long afterward the lion was wandering in the forest and became trapped in a net, which hunters had set to catch him. He gave a mighty roar, which could be heard, throughout the forest. The little mouse heard the lion's roar and rushed to the lion that was tangled in the net. "Well, your majesty," said the tiny mouse, "I know you didn't believe me when I said one day I would repay you for your kindness, but I can help you now."

So the little mouse nibbled and chewed on the net with his sharp little teeth. He gnawed on the ropes until they broke and the lion was able to crawl out of them.

The lion turned to the mouse and said, "Thank you for saving me. Even though you are small, you are a good, friend."

EL LEON Y EL RATON

Un león estaba durmiendo profundamente en su caverna cuando un ratoncito pasó corriendo y pisó su pata. El león se despertó de repente y pegó un rugido diciendo que se iba a comer al ratoncito durante la cena.

"Por favor no me lastimes, "chilló el ratoncito asustado. " Si me perdonas y me dejas en libertad, nunca lo olvidaré. Algún día quizás yo podré hacerte un favor y devolverte tu caridad." El león pensó que era muy gracioso que un ratoncito tan pequeño podría algún día ayudar al rey de la selva. Empezó a reír, abrió su pata, y dejó al ratón en libertad.

Poco después el león andaba por el bosque y calló dentro de una red que unos cazadores habían puesto para atraparlo. Dio un rugido enorme que se escuchó a través del bosque. El ratoncito escuchó el rugido del león y corrió hacia él. El león estaba atrapado en la red.

"Bueno, su majestad," dijo el ratoncito, "yo sé que no me creíste cuando dije que algún día te repagaría tu

mordió y masticó la red con sus dientes afilados. Empezó bondad, pero ahora puedo ayudarte." El ratoncito a comer poco a poco las cuerdas hasta que los deshizo y el león pudo liberarse arrastrándose.

El león le dijo al ratón, "Gracias por salvarme. Aunque eres pequeño, eres un buen amigo."

THE CROW AND THE PITCHER

Once there was a crow that was almost dead from thirst. He came upon a pitcher which only had a little water left in it. He put his beak in the pitcher, but he could not reach down far enough to get any water. He tried and he tried, but his beak was too short to reach the water.

Then the crow thought of a clever idea. He picked up a pebble in his beak and dropped it into the pitcher. Plop! He found another pebble and dropped that one into the pitcher, too. Plop! He continued to search for pebbles and each time he found one he would very carefully drop it in. Plop! Plop! Plop!

With each pebble, the water rose a little higher to the top of the pitcher. Finally, after he dropped lots of pebbles into the pitcher, the water rose high enough so that his beak could reach it. The thirsty crow was able to drink water and save his life.

EL CUERVO Y EL JARRON

Hubo una vez un cuervo que se moría de sed. Se encontró con un jarrón que tenía un poco de agua. Puso su pico adentro del jarrón pero no pudo alcanzar el agua para beberla.

El cuervo tuvo una buena idea. Recogió piedrecitas en su pico y las metió en el jarrón. ¡Plop! Encontró otra piedrita y la puso en el jarrón. ¡Plop! Continuó buscando piedras y las seguía metiendo en el jarrón. ¡Plop!

Con cada piedra el agua subía un poco. Por fin, después de haber metido muchas piedritas en el jarrón, el nivel del agua había subido lo suficiente para que pudiera alcanzarla con su pico. El cuervo marchito pudo beber el agua y salvar su vida.

THE DOG AND THE SHADOW

There once was a dog wandering about who found a piece of meat and carried in his mouth to eat it when he got home. On his way home he had to cross over a log that was lying on a stream. As he was walking across the log, he looked down in the stream and saw his own shadow in the water. When he saw his own reflection, he thought it was another dog with another piece of meat, and he wanted that piece also. So he snapped at the shadow in the water to grab at the piece of meat. As he opened his mouth, his own piece of meat fell out, dropped into the water, and he never saw it again. The dog learned that he loses what he has when he grasps at shadows.

EL PERRO Y LA SOMBRA

Hubo una vez un perro que andaba por allí. Encontró un pedazo de carne y se lo llevó a casa para comérselo. Por el camino tuvo que cruzar un tronco de un árbol que había caído atravesando un riachuelo. Mientras caminaba sobre el tronco, miró hacia bajo y vio su propio reflejo en el agua. Cuando vio su reflejo pensó que era otro perro con otro pedazo de carne en la boca y quiso tener ese pedazo de carne también. Intentó agarrar el pedazo de carne de su reflejo. Al abrir la boca, su propio pedazo de carne cayó al agua y nunca lo volvió a ver.

El perro aprendió que uno pierde lo que tiene cuando persigue lo de otros.

THE FOX AND THE CROW

Once there was a crow that found a piece of cheese. She flew to the top of a tall tree to eat the cheese. Before she could eat it, a fox saw the crow on top of the tall tree.

The fox said to himself, "I would like to have that piece of cheese for my dinner. I will trick the crow so I can get that piece of cheese."

So, the sneaky fox stood under the tree and said to the crow, "Good day, beautiful crow! You look wonderful today. Your wings are shinny and glossy. Your claws look as strong as steel. I have not heard your voice, but I am sure that it is the most beautiful voice in the whole world."

The vain crow was pleased by all the praise and flattery. She believed everything the fox said. She ruffled her feathers and wiggled her tail to try and look her best. She was especially excited to hear what the fox had said about her voice, because she had sometimes been told that her caw sounded funny. She thought to herself that she was going to surprise the fox with her beautiful caw.

She opened her mouth as wide as she could to say, "Caw", when OUT fell the piece of cheese.

As soon as it dropped, the sneaky fox snatched the piece of cheese. As the fox was walking away he said, "Beware of the sneaky fox who tries to trick you with false flattery."

A ZORRA Y EL CUERVO

Hubo una vez un cuervo que encontró un pedazo de queso. Voló a lo alto de un árbol para comérselo. Antes de poder comérselo, una zorra vio al cuervo en el árbol. "Qué delicioso sería tener ese pedazo de queso para mi cena," pensó la zorra. Engañaré al cuervo para obtener ese pedazo de queso."

Tus garras son fuertes como hiero. Nunca he escuchado tu voz pero estoy seguro que debe de ser lla más bella voz del mundo."

Al cuervo vanidoso le encantaron las adulaciones de la zorra. Se creyó todo lo que dijo. Acomodó sus plumas y movió la cola para que luciera hermoso. En especial estuvo emocionado al escuchar lo que la zorra dijo sobre su voz porque en algunas ocasiones habían dicho que su graznido era cómico.

Quiso sorprender a la zorra con su melódico graznido. Abrió la boca y dijo, "Caw."

En ese momento se le calló el pedazo de queso.

Al caer el queso la zorra lo agarró. Al irse se volteó y le dijo al cuervo, "Cuídate de las zorras furtivas que te engañan con halagos falsos.

THE HARE AND THE TORTOISE

There was once a hare that was always boasting of his speed to other animals. "I am the fastest animal alive, and I have never been beaten in a race!"

A tortoise, overhearing these boasts, said to the hare," I will race with you." The hare laughed and said," You must be joking! You are so slow that I can dance and run circles around you."

The tortoise said,"Stop bragging and let's get on with the race."

So the animals set a course for the race, and a fox was picked to be the judge. The animals lined up at the starting line. "Ready, set, go!" barked the fox.

The hare went out of sight but the tortoise plodded on at a slow and steady pace. After a while, the hare stopped to wait for the tortoise to come along. He began to feel sleepy.

"I'll take a quick nap on the grass, and then I'll finish the race." So he lay down to sleep.

The tortoise plodded on and on and on. He passed the hare that was sleeping in the grass. He kept plodding on at a slow and steady pace.

Suddenly the hare woke up and saw the tortoise near the finish line. The hare could not catch up to him in time to win the race. The tortoise crossed the finish line first.

Slow and steady wins the race.

LA LIEBRE Y TORTUGA

Hubo una vez una liebre que siempre estaba presumiendo a los otros animales sobre su velocidad. "¡Soy el animal más rápido del mundo, nadie me ha ganado en una carrera!"

Una tortuga que escuchó los alardes de la liebre, le dijo, "Yo lo desafío a una carrera."

La liebre se rió y dijo, "¡Que chiste! ¡Tu eres tan lento que puedo bailar y correr en círculos a tu alrededor!"

Contestó la tortuga, "Deja de presumir y comencemos la carrera."

Los animales determinaron el curso de la carrera y una zorra fue seleccionada para ser el juez. La liebre y la tortuga se pusieron en fila en el puesto de salida. "¡En sus marcas, listos, fuera!" gritó la zorra.

La liebre corrió y desapareció de vista, pero la tortuga anduvo lenta y segura. Después de un rato la liebre se detuvo para espera a la tortuga y le dio sueño.

La tortuga lenta y segura siguió caminando, pasó a la liebre que dormía en el césped. De repente se despertó la liebre y vio que la tortuga estaba a punto de llegar a la meta final. La liebre, por más duro que corrió, no pudo llegar a tiempo y la tortuga lenta y segura cruzó la línea primero.

THE SHEPHERD BOY WHO CRIED WOLF

There once was a shepherd boy who tended sheep in the mountain pasture. He didn't have anyone to talk to and he was very lonely. One day, he decided that he wanted some excitement, so he ran down from the mountain pasture towards the village crying, "Wolf, Wolf."

The people who lived in the village heard the boy's cries and came running with clubs and guns to scare the wolf away from the sheep. When the villagers arrived, they saw that there was no wolf. The sheep were grazing peacefully and they realized the boy had tricked them.

The boy thought the trick was so fun that he tried it again another day. He called out, "Wolf, Wolf!" Once again the villagers came running to chase the wolf. They saw that the boy had lied and tricked them again, for there was actually no wolf.

One day while the boy was tending the sheep a wolf really did come. The boy cried and screamed loudly for help. "Wolf! Wolf!" The villagers thought that the shepherd boy was up to his same old tricks, and they didn't want to be fooled by his lies again. This time the

people didn't come running to help the boy, and the wolf devoured the sheep.

The shepherd boy learned that liars are not believed even when they tell the truth.

.EL PASTORCITO QUE GRITO LOBO

Hubo una vez un pastorcito que cuidaba ovejas en las montañas. No tenía con quién hablar y se sentía muy solo. Un día, decidió crear una conmoción. Bajó de las montañas hacia el pueblecito y comenzó a gritar, "¡Lobo! ¡Lobo!"

La gente del pueblo escuchó los gritos del niño, agarraron pistolas, palos y corrieron hacia las montañas para asustar al lobo. Cuando llegaron, vieron que no había ningún lobo. Las ovejas estaban tranquilas comiendo pasto. La gente se dieron cuenta que el pastorcito les había engañado.

El niño pensó que el truco fue tan divertido que quiso repetirlo de nuevo y comenzó a gritar, "¡Lobo! ¡Lobo!" Una vez más los aldeanos llegaron alarmados tratando de ahuyentar al lobo, pero vieron que el pastorcito los había engañado de nuevo con sus mentiras porque en realidad no hubo ningún lobo.

Días después, mientras el pastorcito cuidaba sus ovejas llegó un lobo de verdad. El niño salió corriendo gritando, "¡Auxilio, un lobo, un lobo!" Pero en el pueblo, la gente no le creyó al niño. Estaban seguros de que los quería engañar de nuevo con sus mentiras y

decidieron no acudir en su ayuda. Mientras tanto, en las montañas el lobo se comió todas las ovejas.

El niño aprendió que nadie cree al mentiroso aunque dice la verdad

OTHER CANTEMOS PRODUCTS

CUENTOS Y CANCIONES The Little Red Hen, ABC's, Days of the Week, Las Mananitas, Vengan a Ver Mi Granja, La Sombra , story of Periquito, Un Elefante, everything in English and Spanish. Guitar chords included. **$12.95**

AESOPS FABLES / LAS FABULAS DE ESOPO CD with 6 Stories in English and Spanish **CD $10.00**

MULTI-ETHNIC STORIES/ CUENTOS MULTICULTURALES AGES 8 AND UP Multicultural stories in Spanish and English. Includes a Native American, African, Indian and Chinese folk tales, a song about the origin of chocolate, and a listening game. Follow up exercises for each story are included **CD/book. $10.95**

CANTEMOS CHIQUITOS A collection of 14 of the most popular Latin American Classic children's songs, in Spanish and English with accompanying bilingual songbook, some piano music. LOS POLLITOS, TENGO UNA MUNECA, QUE LLUEVA, DE COLORES, PERIQUITO, CON REAL Y MEDIO, ARRURRU, EL SAPITO, EL GUSANITO. **CD/BOOK $10**

CANTEMOS CHIQUITOS # 2 More Songs from South the Border 20 songs and fingerplays in English and Spanish. Includes LA CUCARACHA, 5 LITTLE MONKEYS, plus VOWELS, COLORS, NUMBERS AND 6 holiday favorites (Noche de Paz, Jingle Bells, Cantemos, Noche Buena, Gloria).Full orchestration, bilingual song book with piano music included. **$10.95 CD and Book**

FUNEMIC AWARENESS Songs that emphasize Spanish language phonemic awareness: Guantanamera, La Bamba, The Chicken Dance, La Cucaracha, Una Mosca, Chocolate. **Book/CD, piano and guitar $12.95**

Canciones Patrioticas Americanas/Patriotic Songs $10

SONIDOS SERENOS meditaciones simples para enfocar y relajar. **$10**

We'r off to the Great Barrier Reef- Australia Bilingual book **$12.95**

We're off to the Galapagos Bilingual book **$12.95**

We're off to Peru Bilingual book **$12.95**

We're off to the Great Barrier Reef- Australia Bilingual book **$12.95**

www.cantemosco.com
800 393-1336

ABOUT THE AUTHOR

Georgette Baker is a multicultural performer, former teacher and world traveler. She was born on the island of Aruba in the Caribbean. After 18 years in Caracas, Venezuela, Georgette graduated from Washington University in Missouri and moved to Guayaquil, Ecuador, backpacked through the Galapagos, Peru's Machu Pichu, Brazil, Curacao, Jamaica and

She is the mother of two and author of the CANTEMOS bilingual book/tapestries. She currently performs at school assemblies throughout Southern California.

For more information call
800-393-1336